ALFAGUARA

ALFAGUARA INFANTIL

www.alfaguarainfantilyjuvenil.com

ALFAGUARA

www.alfaguarainfantilyjuvenil



• Ediciones Santillana, S.A. Leandro N. Alem 720
C1001AAP - Ciudad de Buenos Aires. Argentina

• Editorial Santillana, S. A. de C. V.
Avda. Universidad, 767. Col. Del Valle, México, D.F. C.P. 03100

• Distribuidora y Editora Aguilar, Altea, Taurus, Alfaguara, S.A.
Calle 80, nº 10-23. Bogotá. Colombia

ISBN: 978-84-204-4898-5
Depósito Legal: M-8.716-2008
*Printed in Spain* - Impreso en España por
Huertas Industrias Gráficas, S. A.,
Fuenlabrada (Madrid)

Primera edición: febrero 1999
Séptima edición: febrero 2008

Editora:
Marta Higueras Díez

Diseño de la colección:
Manuel Estrada

# Las aventuras de Viela Calamares

Ana Rossetti / Paloma Pedrero / Margarita Sánchez
Ilustraciones de Violeta Monreal

ALFAGUARA

¡Hola! Me llamo **Viela** porque no me gusta llamarme Vega Cañizares Arrondo y, como ya soy mayor y puedo elegir, me lo he cambiado. Eso no le ha hecho ni pizca de gracia a mi madre que dice que

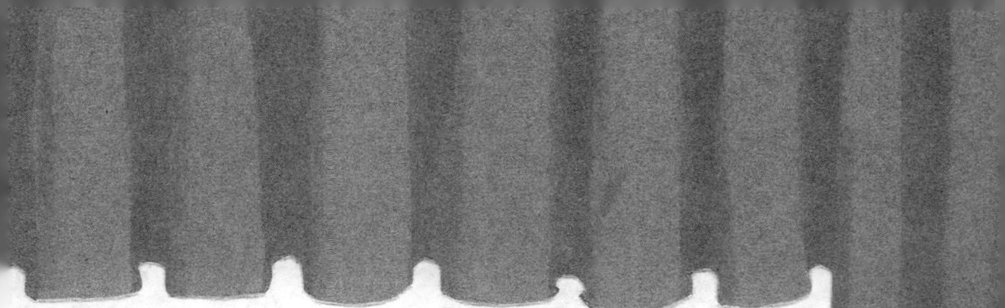

Vega es el nombre de una estrella; pero, ¿por qué tengo que tener yo el nombre de una estrella y no que una estrella tenga el mío?

Tengo ocho años y voy a un colegio que está cerca de mi casa... ¡Qué rabia!, porque me gustaría hacer el camino en la ruta, como otros compañeros. En el colegio me lo paso regular; lo peor es que no me dejen pensar en mis cosas y se empeñen en que tenga que hacer siempre algo.

Yo pienso que es mejor «reactivificar» la mente. Practico siempre que me dejan. Con el poder de la mente, algún día podré llegar a hacer lo que quiera.

**Benjamín** es mi padre y es músico. Toca el violín y hace unas comidas muy ricas. Las tartas son su especialidad.

**Paloma,** mi madre, es astrónoma. En la terraza de la casa tiene un telescopio para observar las estrellas.

**Enriqueto Pollo Pollo,** vive en el piso de arriba. Es mi vecino y mi mejor amigo. Es un verdadero desastre. Todo le sale mal.

A **Alibakar** le llamamos Alí. Es muy habilidoso. Con las manos hace virguerías.

A **Lula** le gustan los deportes; sobre todo, el fútbol. *Guay* es su palabra favorita.

**Platón** está continuamente en las nubes. Siempre habla de cosas raras.

**Rosita** es la defensora de la Naturaleza y es la dueña de *Sabu.*

**Sabu** es la mascota de la panda.

# Escena primera

*La cocina de Viela Calamares es muy alegre y huele a postres. En el horno suele haber exquisitas tartas de chocolate, o galletas de almedras, o magdalenas con ralladura de limón. En las estanterías hay frascos de especias, y el frutero siempre está lleno de frutas. El frigorífico tiene en la puerta muchos imanes divertidos.*

*En la tarde del día Y, que es cuando se desarrolla esta historia, Benjamín estaba batiendo unas claras de huevo para hacer merengue. Mientras daba vueltas y más vueltas con el tenedor, canturreaba una extraña melodía. Era una canción que se estaba inventado pero no le salía y eso le ponía muy nervioso.*

BENJAMÍN.— En el patio de mi casa,
una estrella se estrelló.
Y estrellada cual estrella…

*Al llegar a este punto de la canción, Benjamín se interrumpió y exclamó espantado.*

BENJAMÍN.— ¡Ay, qué horror, qué horror, qué horror…!

*Entonces, comenzó a llamar a su hija a grito pelado.*

BENJAMÍN.— ¡Viela! ¡Viela! ¡Ven aquí!

*Le contestó su hija desde la habitación también a gritos.*

VIELA.— ¡Ya voy, papá!

*Benjamín continuó dando vueltas a las claras de huevo, porque eso no se puede interrumpir. Y siguió cantando, porque no se podía contener.*

BENJAMÍN.— En el cielo de mi casa,
una estrella apareció…

*Viela entró en la cocina con tres grandes globos de colores.*

VIELA.— ¿Qué pasa, papi?

BENJAMÍN.— Nada, hija, que no me sale.

VIELA.— ¿La tarta?

BENJAMÍN.— No, la tarta no; la canción para mamá.

VIELA.— Pero no te pongas tan nervioso… ¡Si tenemos tiempo!

BENJAMÍN.— ¿Cómo que no me ponga nervioso? Hoy, a las nueve en punto, será la noche Y. El cielo estará completamente despejado, las previsiones son óptimas. Mamá está segura de que por fin descubrirá la estrella que lleva años buscando. Y nosotros tenemos que tener todo preparado para celebrarlo a lo grande.

VIELA.— Pues yo ya he inflado todos los globos, papá.

BENJAMÍN.— Y la tarta está casi a punto. Pero no me sale la canción. ¿Qué clase de músico soy que no le puede hacer una canción a su amada?

VIELA.— ¿Y la que estabas cantando…? Sonaba bien.

BENJAMÍN.— Es horrorosa, cursi, ridícula…

VIELA.— Seguro que no, papá. Venga, anda, cántamela.

*Benjamín, muy serio, se estiró y carraspeó, preparándose para cantar con sus mejores gorgoritos.*

BENJAMÍN.— En el patio de mi casa,
una estrella se estrelló.
Y estrellada cual estrella…

*Viela le interrumpió en el acto y se tapó los oídos.*

VIELA.— Déjalo, papá, déjalo. Es horrorosa, cursi, ridícula…

*Aunque Benjamín estaba seguro de eso, se mosqueó un poco. A nadie le gusta que le digan ciertas verdades.*

BENJAMÍN.— Gracias, hija.

*De pronto se oyeron tres pitidos que parecieron venir del techo.*

VIELA.— ¡Ah, es Enriqueto...!

*Viela sacó su silbato y dio una pitada larga y tres cortas como respuesta.*

BENJAMÍN.— ¡Ahora no, Viela! Dile a tu amigo Enriqueto que estás ocupada...

VIELA.— Sigue ensayando tú mientras tanto, papi.

BENJAMÍN.— ¡Pero Viela...!

VIELA.— Es que es una llamada urgente.

*Viela se dirigió a la ventana y se asomó mirando hacia arriba.*

VIELA.— Hola, aquí Viela Calamares respondiendo a Enriqueto Pollo Pollo. Habla, Pollo.

*La voz de Enriqueto sonó compungida.*

ENRIQUETO.— Asustado Pelagato,
no pudo encontrar el plato.

VIELA.— Clave no correcta.
¿Qué es *pelagato?*
¿Qué es *plato?*

ENRIQUETO.— Enriqueto es Pelagato,
que estirando la manuza
no ha encontrado la merluza.

*Viela comenzó a activificarse porque no entendía ni torta.*

VIELA.— No te entiendo.
Efectúo activificación
para máxima concentración.
Ruum… ruuumm… ruuuummm…
Repite.

*Benjamín, que había conseguido montar las claras a punto de nieve, se impacientó.*

BENJAMÍN.— Vamos, Viela, no te enrolles…
VIELA.— Repite, Enriqueto. Estoy en máxima concentración.
ENRIQUETO.— Ha volado el cornucopio; ¡quiero decir, telescopio!
VIELA.— ¿Cornucopio es telescopio?
ENRIQUETO.— Es verdad; lo certicopio.
VIELA.— No.
ENRIQUETO.— Sí.
VIELA.— ¡No!
ENRIQUETO.— ¡Sí!
VIELA.— ¡Volando como dos rayos…!
ENRIQUETO.— ¡En la guarida quedamos!

*Viela se apartó de la ventana, asustada y muy nerviosa.*

VIELA.— ¡Papá, me voy a la calle!
BENJAMÍN.— No puedes irte ahora. Tenemos que terminar la canción.

*Con gran rapidez, Viela se activificó de nuevo.*

VIELA.— Ruum... ruuumm... ruuuummm...
¡Ya está! ¡Ya la tengo!:
En el patio de mi casa,
una estrella vislumbramos.
Como no teníamos pies,
la agarramos con las manos.

BENJAMÍN.— ¡Genial...! ¡Eres genial, Vielita, hija mía!

*Viela salió disparada de la cocina, y Benjamín, todo emocionado, se quedó solo ensayando la canción.*

BENJAMÍN.— En el patio de mi casa,
una estrella vislumbramos.
Como no teníamos pies,
la agarramos con las manos...

# Escena segunda

*La panda se reúne en un lugar secreto. Es... «la guarida». Nadie sabe que existe y, por eso, lo único que puedo decir de ella es que está en el parque. Allí, Enriqueto, muerto de miedo, esperaba a Viela. Lo que tenía que decirle no le iba a gustar nada. Enseguida llegó Viela corriendo, sujetándose un largo y vistoso collar para que no se le saliera por la cabeza.*

VIELA.— ¿Dónde está...? ¿Qué has hecho con él?

ENRIQUETO.— ¡No lo sé! ¡Es increíble! ¡No comprendo qué ha pasado...!

VIELA.— ¡Vamos, habla!

ENRIQUETO.— Ayer, a las diecinueve cuarenta y cinco horas por mi reloj, miré al cielo por última vez. Luego lo guarde en el maletín y lo puse al lado de mis patines para devolvértelo hoy. El caso es que cuando he ido a por él, ¡zas!, había desaparecido.

VIELA.— ¿Has perdido el telescopio?

ENRIQUETO.— Te juro que no, Viela. Ha desaparecido por arte de magia.

VIELA.— No digas tonterías. Si no me devuelves el telescopio ahora mismo ¡me quedo con el collar!

ENRIQUETO.— No, eso no. El collar es de mi hermana.

VIELA.— Y el telescopio es de mi madre y lo tiene que utilizar esta noche. Esta noche, a las nueve en punto, sale la estrella... ¡Mi madre lleva años buscándola! ¡Devuélvemelo ahora mismo!

ENRIQUETO.— Yo no lo tengo... No lo he encontrado por ninguna parte.

VIELA.— Pero, ¿has mirado bien… por todos los sitios?

ENRIQUETO.— Sí. He mirado en mi armario, debajo de la cama, detrás de las cortinas, en el baúl de los juguetes… hasta dentro del microondas he mirado.

*Enriqueto rompió a llorar; pero eso no le afectó ni un pelo a Viela.*

VIELA.— ¡Me la voy a cargar! ¡Me la cargo!

*En ese mismo momento, llegó Rosita con* Sabu.

ROSITA.— ¿Qué le pasa a Enriqueto?

VIELA.— Que ha perdido el telescopio de mi madre…

ENRIQUETO.— Yo no he sido…

VIELA.— Y como no aparezca antes de esta noche, se va a armar una…

ROSITA.— ¿Y por qué tenía Enriqueto el telescopio?

VIELA.— Me lo pidió ayer, y yo…

ENRIQUETO.— No te lo pedí. Me lo dejaste tú a cambio del collar.

ROSITA.— ¡Uf, pues vaya lío…!

VIELA.— Yo no quería el collar… Mira, ahora mismo lo rompo.

ENRIQUETO.— ¡No, no! ¡Antes la muerte!

*Viela y Rosita le miraron sorprendidas. Hasta* Sabu *puso las orejas tiesas.*

VIELA y ROSITA.— ¿La muerte? ¿A que no te atreves?

SABU.— ¡Guau!

ENRIQUETO.— ¿Que no? ¿Que no me atrevo? ¡Ahora veréis!

*Enriqueto tomó aire y se tapó la nariz como si se fuera a tirar de cabeza a una piscina. Viela, Rosita* y Sabu *se pusieron a contar.*

VIELA y ROSITA.— Uno, dos, tres, cuatro, cinco...

SABU.— Guaau... Guaau... Guaau...

*Alibakar, Lula y Platón llegaron en ese momento y saludaron a los otros. Pero sólo contestó Rosita, porque Viela y* Sabu *siguieron contando.*

ROSITA.— ¿Sabéis qué ha pasado...? Pues que a Enriqueto le ha desaparecido el telescopio de Viela.

LULA.— Pero... ¿Viela tiene un telescopio? ¡Qué guay!

PLATÓN.— ¡Qué suertuda!

ROSITA.— Que no; que es de su madre que es una astrónoma muy importante, una cazadora de estrellas.

VIELA.— Ochenta y dos, ochenta y tres, ochenta y cuatro...

*Enriqueto ya se estaba asfixiando. Como poco, se había puesto más rojo que un pimiento... Y Viela se asustó.*

VIELA.— ¡Enriqueto, Enriqueto Pollo! ¡Ya está bien! ¡No hagas tonterías!

LULA.— ¡Se está ahogando de verdad!

PLATÓN.— ¡Hay que introducirle aire en los pulmones!

ROSITA.— ¡Agua, darle agua!

ALIBAKAR.— ¡Rápido!¡Hay que hacerle el boca a boca!

SABU.— ¡Guaau...!

*Viela empezó a pensar que aquello no era una comedia y se asustó mucho.*

VIELA.— ¡Respira, Enriqueto, por favor!

*Enriqueto cayó al suelo; parecía desmayado, y Viela le dió unas cuantas tortas en la cara para reanimarle.*

VIELA.— ¡Enriqueto, Enriqueto, por favor, no te asfixies…!

*Enriqueto abrió los ojos tranquilamente y se puso muy serio.*

ENRIQUETO.— ¿Ya no vas a romper el collar, Viela?

VIELA.— Bueno, eso ya lo veremos. Tenemos un problema muy grave y hay que solucionarlo.

*Viela se dirigió resuelta a la pandilla.*

VIELA.— Escuchadme todos: ésta es la noche Y. Mi madre va a encontrar la estrella más importante del Universo y necesita su telescopio. Hay que hacer algo rápidamente. No nos queda tiempo.

PLATÓN.— No hay nada que la pandilla no pueda solucionar. ¡Lo encontraremos!

*Todos juntaron sus manos y Viela fue nombrando a cada uno.*

VIELA.— ¡Rosita!
ROSITA.— ¡Está siempre lista!
VIELA.— ¡Platón!
PLATÓN.— ¡Que piensa un montón!
VIELA.— ¡Alí!
ALIBAKAR.— ¡Si hay un apuro está allí!
VIELA.— ¡Lula!
LULA.— ¡No le asusta la aventura!
VIELA.—¡Enriqueto!
ENRIQUETO.— ¡El que nunca se está quieto!
TODOS.— ¡Viela!
VIELA.— ¡Que cuando no corre, vuela!
SABU.— ¡Guaaaaaaaau…!
VIELA.— ¡Si está unida la pandilla…!
TODOS.— ¡Todo va de maravilla!

*Y salieron corriendo todos, menos Platón, que se quedó en la guarida.*

*Platón se puso a pasear de un lado a otro para pensar mejor.*

PLATÓN.— Vamos a ver: si un telescopio es un aparato para ver las estrellas, puede que un extraterrestre lo haya abducido hacia arriba, a otra galaxia. Pero también podría ser que el aparato estuviera programado, informáticamente hablando, para dirigirse hasta el observatorio astrológico estelar. Ésa es la cuestión.

# Escena tercera

*Alibakar dirigió la investigación hacia su saco de tesoros, por si acaso. De allí salieron las cosas más variadas... incluso libros. No recordaba que estuviera allí esa colección de historietas.*

ALÍ.— ¡Ahí va! ¡Cómo mola...!

*Alibakar se enfrascó en la lectura, riéndose cada vez más, y se olvidó del grave problema que debía resolver.*

# Escena cuarta

*Lula despanzurró su cerdito-hucha. Estaba lleno de monedas. Con paciencia, se dedicó a agruparlas por tamaños para ver cuánto conseguía reunir.*

LULA.— Doscientas… Doscientas cincuenta… ¡Anda, una moneda gorda de quinientas…!

*Para no liarse, volvió a contar desde el principio.*

LULA.— Quinientas, seiscientas… ¡Setecientas cincuenta!

## Escena quinta

*Rosita, por su parte, aleccionó a* Sabu. *Por si no la entendía bien, aunque es un perro muy listo, se lo repitió todo muy despacito. Mientras se lo decía, se lo iba explicando también con gestos.*

ROSITA.— Te-les-co-pio. Te-les-co-pio. ¿Me has entendido? Vamos, *Sabu,* busca, busca.

Sabu *se echó a correr hacia una esquina, levantó la pata y se puso a hacer de las suyas.*

ROSITA.— ¿Y esto es un perro listo? ¡Pues vaya…!

# Escena sexta

*Enriqueto y Viela fueron a una tienda de telescopios.*

DEPENDIENTE.— Buenas tardes.

VIELA.— Buenas tardes, señor. Queríamos un telescopio.

DEPENDIENTE.— ¿De qué tipo? ¿De pequeño, mediano o largo alcance?

VIELA.— De larguísimo, porque es para encontrar una estrella.

*El dependiente se atusó el bigote para darse importancia.*

DEPENDIENTE.— Entonces, me parece que el telescopio más adecuado sería el mode-

lo Televic Galáctico, mirilla W extensible, de alcance infinito.

ENRIQUETO.— ¡Estupendo! ¡Ese mismo!

*El dependiente sacó un telescopio impresionante. Viela y Enriqueto se quedaron estupefactos.*

VIELA y ENRIQUETO.— ¡Uaaau...!

DEPENDIENTE.— Vale un millón doscientas veinticuatro mil ciento catorce. ¿Lo envuelvo en papel de regalo?

ENRIQUETO.— No hace falta.

*Viela se quitó el collar y se lo entregó al dependiente.*

VIELA.— Tenga.

ENRIQUETO.— ¡Ay, que me ahogo! ¡Que me ahogo de verdad...!

DEPENDIENTE.— ¿Y esto qué es?

VIELA.— Una joya muy valiosa de la familia de éste.

ENRIQUETO.— Es de mi hermana Patricia...

*El dependiente observó el collar.*

VIELA.— Mire, es de oro, perlas, diamantes y esmeraldas.

ENRIQUETO.— Se lo compró su novio…

DEPENDIENTE.— Sí, en una tienda de todo a cien… ¡Hale, niños, a mirar las estrellas en la sopa!

VIELA.—¡Qué grosero!

*Enriqueto se apoderó rápidamente del collar y se lo guardó en el bolsillo.*

ENRIQUETO.— ¡Ufff!

# Escena séptima

*Viela y Enriqueto salieron de la tienda y se encaminaron hacia la guarida. Viela estaba decepcionada y furiosa.*

VIELA.— Conque el collar era de oro, ¿eh? De oro del que cagó el loro.

ENRIQUETO.— Hija, Viela, cómo eres…

VIELA.— Bueno, habrá que pensar en otra cosa. Ojalá hayan tenido más suerte los otros.

ENRIQUETO.— ¿Cuánto tiempo nos queda?

VIELA.— ¡Ahí va! ¡Sólo nos queda media hora!

ENRIQUETO.— Treinta y tres minutos y medio por mi reloj.

VIELA.— ¡Corre, tenemos que darnos prisa!

*Viela y Enriqueto llegaron a la guarida justo al mismo tiempo que Rosita y* Sabu, *que llevaba un zapato viejo en la boca.*

ROSITA.— ¿Qué tal, chicos? ¿Cómo os ha ido la cosa?

VIELA.— Fatal. El collar de la hermana de éste vale veinte duros.

ENRIQUETO.— Hija, Viela, cómo eres…

ROSITA.— Pues *Sabu* tampoco ha podido encontrarlo.

Sabu *abrió la boca y dejó caer el viejo zapato.*

SABU.— Guau, guau…

ROSITA.— Cállate, *Sabu*; que encima, por tu culpa, me he llevado una bronca.

ENRIQUETO.— ¿Qué ha hecho?

ROSITA.— Mearse en la pierna de un guardia. ¡No veas cómo le ha puesto!

SABU.— Guau, guau…

ROSITA.— ¡No me contestes!
SABU.— ¡¡¡Guau, guau, guau…!!!
ROSITA.— Está bien, ¿qué quieres decirme?

*Por toda respuesta,* Sabu *le enseñó el zapato.*

VIELA.— ¿Qué es eso?
ENRIQUETO.— Un zapato viejo y apestoso.
ROSITA.— Mira, *Sabu*, un zapato no nos sirve para nada.

Sabu *emitió un ladrido quejumbroso y se acurrucó en un rinconcito con su zapato.*

*En esto llegó Lula, muy desanimada también, con su cerdito.*

LULA.— Nada... Solamente he conseguido mil setecientas cincuenta, y eso que le he pedido a mi abuelo Pancracio la propina de tres domingos.

VIELA.— Y un telescopio cuesta más de un millón. Nos lo han dicho en la tienda.

ENRIQUETO.— Por lo menos, con ese dinero podemos merendar algo.

VIELA.— ¡Enriqueto, no tengas jeta!

ENRIQUETO.— Ay, hija, Viela, cómo eres...

VIELA.— ¡Nos quedan veintiocho minutos, Enriqueto Pollo!

*Entonces entró Platón, que había estado dando vueltas y más vueltas por no se sabe dónde.*

PLATÓN.— ¿He oído decir que nos quedan veintiocho minutos?

ENRIQUETO.— Ni uno más, ni uno menos.

PLATÓN.— ¡Ah...! En veintiocho minutos, según la velocidad de la luz, una estrella podría recorrer cien veces el Universo.

VIELA.— Déjate de filosofar, Platón. ¿Has conseguido algo?

PLATÓN.— Nada, todavía. Pero estoy a punto de llegar a grandes conclusiones.

*Con gran solemnidad, Platón hizo un gesto para que se le acercaran. Todos le rodearon con aire de conspiradores. Platón se puso entonces muy misterioso.*

PLATÓN.— El telescopio ha caído en un agujero negro del planeta.

*La verdad es que a veces Platón decía unas tonterías...*

TODOS.— ¡Puaf...!

VIELA.— ¡Ya está bien, chicos! Esto no es un juego. Tenemos que pensar algo, y rápido.

*Pero, ¿qué tenían que pensar? Ya lo habían intentado todo... o casi todo. Viela se llevó los dedos índices a las sienes y los demás la rodearon esperanzados.*

VIELA.— Ruum... ruuumm... ruuuummm...

*Pero no acababa de arrancar. Era como si se le hubiera calado el motor.*

VIELA.— Nada, no funciona.

*¡Qué desilusión...! Todos se apartaron de Viela muy alicaídos. Sin embargo, Viela, siguió intentándolo.*

ROSITA.— ¿Y qué hacemos?
LULA.— Yo ya he hecho todo lo posible.
PLATÓN.— A mí ya me sale humo hasta por las orejas.
ENRIQUETO.— Yo tengo la culpa de todo. Soy una miserable fuligaña.

*En ese momento, la activificación de Viela se puso en marcha.*

VIELA.— Ruum... ruuumm... ruuuummm...

*Los gritos de Alibakar anunciaron que se aproximaba corriendo a la guarida.*

ALIBAKAR.— ¡Lo encontré! ¡Lo encontré! ¡Aquí lo tengo!

*Viela desactivificó la activificación. Toda la pandilla respiró aliviada y se puso a gritar con gran entusiasmo.*

TODOS.— ¡Bien! ¡Bravo! ¡Que viva Alibakar!

*Alibakar entró por fin, jadeando, con su saco al hombro.*

ALIBAKAR.— Gracias, amigos, gracias.

*Alibakar dejó el saco en el suelo y alzó la mano con los dedos en forma de uve. La pandilla se acercó con emoción. Alibakar abrió el saco y metió la mano como un prestidigitador en la chistera.*

ALIBAKAR.— ¡¡Ta-ta-chán!!

*Pero Alibakar no sacó una liebre, sino un libro. Un libro muy gordo.*

VIELA.— Pero, ¿qué es eso? ¿Dónde está el telescopio?

ALIBAKAR.— Aquí encerrado.

VIELA.— ¡Pero si eso es un libro!

ALIBAKAR.— Sí, un libro en el que viene explicado cómo construir un telescopio Televic Galáctico, mirilla W extensible, de alcance infinito. ¿Qué me dices?

ENRIQUETO.— Que nos quedan veinte minutos exactos.

VIELA.— ¿A qué esperamos? ¡Manos a la obra!

*Alibakar leyó la lista de los materiales necesarios para construir el telescopio.*

ALIBAKAR.— A ver... Necesitamos un tubo cilíndrico.

PLATÓN.— De eso me encargo yo.

ALIBAKAR.— Un espejo retroalimentario.

LULA.— Voy a buscarlo.

ALIBAKAR.— Una base plana electrolítica.

ROSITA.— Oye, ¿y si en vez de electrolítica es electromagnética?

ALIBAKAR.— Entonces, que sean dos.

ROSITA.— Vamos, *Sabu*. E-lec-tro-lí-ti-ca. No lo olvides, ¿eh? Vamos.

Sabu, *sin embargo, se resitía a seguirla.*

SABU.— Guau, guau, guau...

ROSITA.— ¿Que no quieres venir? Pues ahí te quedas, antipático.

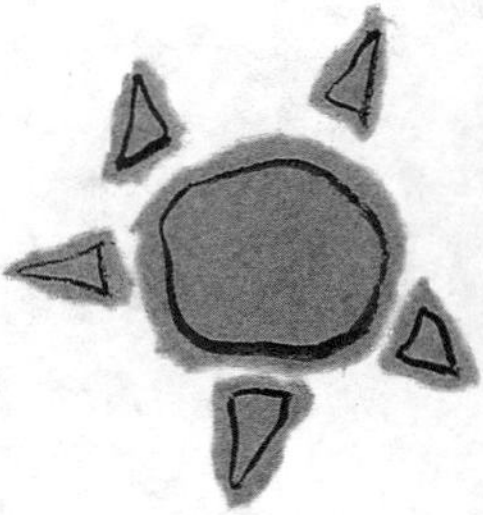

Sabu *se tumbó encima del zapato y la miró muy triste.*

ALIBAKAR.— También necesitamos cuatro permutadores reversibles.

VIELA.— Enriqueto, eso te toca a ti.

ENRIQUETO.— Sí, claro… a mí cuatro cosas.

ALIBAKAR.— Y dos tornillos corrientes.

VIELA.— Yo los encontraré, aunque sea debajo de las piedras.

ENRIQUETO.— Sí. Debajo de esa piedra tenemos la caja de herramientas.

VIELA.— Tú a lo tuyo, listo.

ENRIQUETO.— Ya voy, ya voy…

ALIBAKAR.— Tranquila, Viela. Tu madre va a tener el telescopio más potente del mundo.

SABU.— Guau, guau…

*Y* Sabu *lo decía muy convencido.*

## Escena octava

*En el centro de la guarida estaba el telecospio. Era imponente. Alibakar encajó la última pieza.*

ALIBAKAR.— ¡Ya está!
TODOS.— ¡Uauuu…!

Sabu, *sin embargo, negó con la cabeza repetidamente; pero nadie le hizo caso.*

SABU.— ¡Guaaau!
ALIBAKAR.— Ahora sólo nos queda probarlo.
ENRIQUETO.— ¡Me pido primer!
VIELA.— ¡Tú ni tocarlo, que desaparece!
PLATÓN.— Déjalo mirar, Viela, que él es el que más ha sufrido.

VIELA.— Bueno, está bien, que mire.

*Enriqueto, con mucha solemnidad, se inclinó sobre el telescopio y miró. Todos contuvieron la respiración atentos al acontecimiento. Todos, menos* Sabu, *que miró hacia otro lado como si el asunto no le interesara.*

VIELA.— ¿Qué? ¿Qué ves?
ENRIQUETO.— Veo… Veo…
ROSITA.— ¿El qué?
ENRIQUETO.— Veo… cosas.
LULA.— ¿Qué cosas?
ENRIQUETO.— Pocas.
VIELA.— ¿Ves estrellas?
ENRIQUETO.— No veo nada.
ALIBAKAR.— A ver, déjame a mí.

*Alibakar se puso a mirar y después de unos segundos se apartó muy extrañado. Pero enseguida cayó en la cuenta.*

ALIBAKAR.— ¡Claro! ¡Falta la lupa!

Sabu *volvió a mostrar interés y asintió con energía.*

SABU.— ¡Guau, guau!

PLATÓN.— Pero las lupas telescópicas... ¿son cóncavas o convexas? Realmente, es complicado.

SABU.— ¡Guau...! ¡Guau...!

VIELA.— ¡Esperad! ¡Creo que *Sabu* quiere decirnos algo!

ROSITA.— Habla, *Sabu*.

Sabu *agarró el zapato con los dientes y lo dejó a los pies de Viela.*

ROSITA.— ¿Qué pasa con el zapato, *Sabu?*

SABU.— ¡Guau...!

VIELA.— ¡Mirad! ¡Hay algo brillante dentro!

*Viela echó mano del zapato y sacó de su interior una especie de cristal muy brillante y de muchos colores. A continuación, miró a través de él.*

VIELA.— ¡Ahí va! ¡Por aquí sí que se ven las cosas! ¡Se ve todo! ¡El cielo, las estrellas, los asteroides…!

ALIBAKAR.— ¡Déjame ver!

*Lo que Alibakar vio, le dejó extasiado.*

ALIBAKAR.— ¡Cagandrú!

LULA.— ¡¿Qué ves?!

ALIBAKAR.— ¡Cagandrú en escabeche!

PLATÓN.— ¡¿Es una nueva galaxia?!

ALIBAKAR.— ¡Cagandrú en pepitoria!

VIELA.— ¡Déjate de cagandruces y vete al grano! ¡¿Qué pasa?!

ALIBAKAR.— ¡Cagandrú requetefrito! ¡Con esto se les ven a las estrellas hasta las pestañas!

VIELA.— ¡Bien! ¡Tres hurras por *Sabu!*
TODOS.— ¡Hurra! ¡Hurra! ¡Hurra!

Sabu *se puso más ancho que largo.*

SABU.— ¡Guau!
ENRIQUETO.— ¡Nos quedan quince minutos y tenemos que llevar el telescopio a la terraza de Viela!
TODOS.— ¡¡Vamos!!

## Escena novena

*Benjamín estaba en la cocina vigilando el horno y tocando el violín. Tenía los ojos cerrados para concentrarse en la música. Así lo vio Viela cuando asomó la cabeza por la puerta. Eso de los ojos cerrados la tranquilizó y le hizo un gesto a la panda. En silencio y con cuidado, podían atravesar la cocina. Porque tenían que atravesarla para dejar el telescopio en la terraza.*

*La panda entró en la cocina ordenadamente. Viela, Platón, Lula, Rosita y* Sabu *formaron una especie de muro para tapar a Alí y a Enriqueto, que llevaban el telescopio.*

*Así avanzaron con cuidado por la cocina. A veces, Benjamín se dejaba llevar por la música y se giraba hacia ellos. Entonces,*

*todos se paraban como si se congelaran de repente. Ya estaban a punto de alcanzar la puerta de la terraza, cuando Benjamín se tropezó con la mesa y abrió los ojos.*

*Benjamín se sobresaltó con el golpe, pero muchísimo más cuando vio a tanta gente en la cocina.*

BENJAMÍN.— ¿Qué hacéis aquí?

*Todos se pararon en seco. Alí y Enriqueto se agacharon para esconderse más todavía. Estaban bastante nerviosos.*

VIELA.— Hola, papi. Qué bonito es eso que estabas tocando. Es nuevo, ¿verdad?

PLATÓN.— Sí, señor Benjamín. ¡Qué música más buena...!

ROSITA.— Sonaba a...

LULA.— ...A música de...

*Enriqueto sacó la cabeza y trató de ayudarlos.*

ENRIQUETO.— ¡De anuncio!

LULA.— ¡Es guay, guay y superguay!

PLATÓN.— Mejor que Beethoven.

BENJAMÍN.— Como que es de Beethoven.

PLATÓN.— Sí, pero toca usted mucho mejor.

VIELA.— Vamos, papá, tócala otra vez, anda.

BENJAMÍN.— Pero, ¿se puede saber qué os pasa?

VIELA.— Nada, que queremos oír el final.

*Benjamín se sintió muy halagado y accedió a la petición de la panda.*

BENJAMÍN.— Está bien, está bien… Un, dos, tres…

*Entonces Benjamín volvió a tocar; pero en cuanto cerró los ojos, la panda aprovechó para salir a la terraza rápidamente. En la cocina, Benjamín se quedó solo con su violín, su tarta y su delantal de rayas.*

## Escena décima

*La terraza de la casa de Viela Calamares es un observatorio del firmamento. Está llena de mapas celestes y de raros instrumentos de astronomía.*

*Rosita Lula y Platón, siguiendo órdenes de Viela, se dedicaron a colgar globos y banderitas. Enriqueto y* Sabu *debían vigilar la puerta. Viela le mostró a Alibakar dónde había que poner el telescopio.*

VIELA.— ¡Aquí! Tenemos que ponerlo en el trípode.

ENRIQUETO.— Quedan veinte segundos.

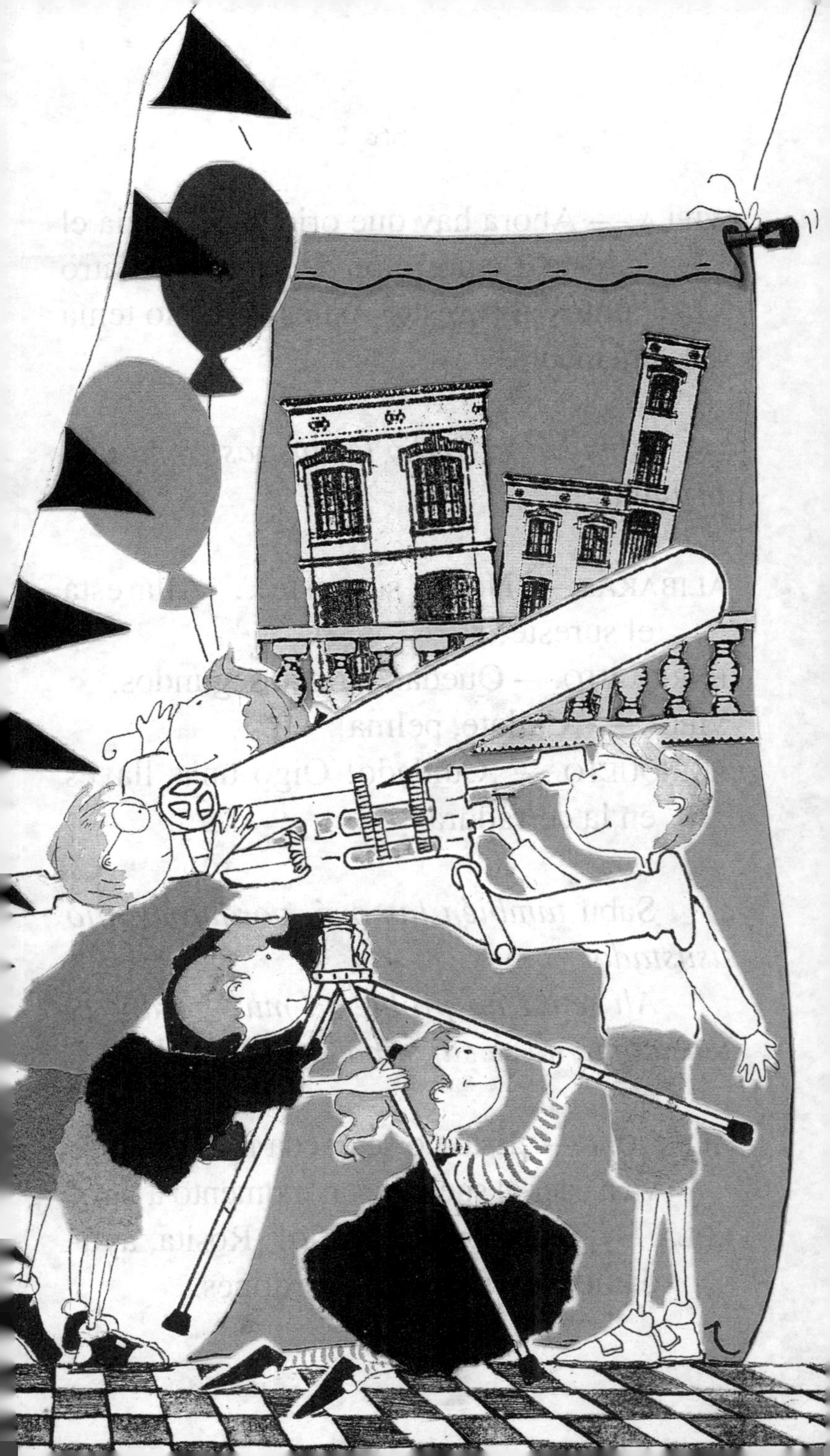

VIELA.— Ahora hay que orientarlo hacia el sureste. La posición debe ser de cuatro puntos al sureste. Así es como lo tenía mi madre.

*Alibakar extendió los brazos como una brújula.*

ALIBAKAR.— Norte, sur, este... ¡Allá está el sureste!

ENRIQUETO.— Quedan quince segundos.

VIELA.— ¡Cállate, pelma!

ENRIQUETO.— ¡Cuidado! Oigo unas llaves en la cerradura.

Sabu *también las oyó, porque asintió asustado.*

*Alí tenía un problema muy gordo: el telescopio no se sujetaba en el trípode.*

ALIBAKAR.— ¡Esto no se queda fijo! ¡Esto se va a caer al suelo de un momento a otro!

LULA.— ¡Tenemos que atarlo! ¡Rosita, ayúdame a quitarme los cordones.

*Lula se quitó las zapatillas de fútbol y, con la ayuda de Rosita, les fue sacando los cordones.*

ENRIQUETO.— Chicos, oigo pasos... Clac, clac, clac... ¡Entra Paloma!

ALIBAKAR.— ¡Rápido, rápido, dadme los cordones...!

*Mientras ataban el telescopio al trípode, Enriqueto les iba contando lo que sucedía en la cocina.*

ENRIQUETO.— «Hola, mi amor. Muá, muá... ¿Qué tal te ha ido el día...?» «Bien, ¿y tú?» «Muy bien, cielo. ¿Preparada para encontrar tu estrella?»

*Enriqueto dejó de vigilar y se acercó a los demás alarmado.*

ENRIQUETO.— ¡Ya vienen! ¡Empieza la cuenta atrás! ¡Cinco, cuatro, tres, dos, uno, cero!

ALIBAKAR.— ¡Ya está!

*Toda la pandilla se quedó inmóvil mirando a la puerta. Pero no entró nadie. Los cálculos de Enriqueto habían fallado, y éste volvió a intentarlo.*

ENRIQUETO.— ¡Cero y cinco, cero y diez, cero y cuarto…!

*Benjamín y Paloma entraron muy enfadados en la terraza. ¿Qué les había pasado? La panda, para salvar la situación, rompió a cantar el* Cumpleaños feliz.

PALOMA.— Pero, ¿qué hacéis? ¿Qué es esto?
VIELA.— ¡Es una sorpresa!

*Enriqueto descubrió entonces que Paloma llevaba un maletín en la mano.*

ENRIQUETO.— ¡Lleva el maletín…!
PALOMA.— Sí, Enriqueto, sí, llevo el maletín. Me lo dio tu madre esta mañana.

ENRIQUETO.— ¡Jo, pues ya nos podía haber avisado…!

PALOMA.— Escúchame, Viela: lo que has hecho no está bien. Ya eres lo bastante mayor como para saber que no puedes jugar con lo que no es tuyo. Y menos aún con las cosas de trabajo. ¡Me vas a quitar la vida!

*Enriqueto se puso también trágico y decidió echar una mano a su amiga Viela.*

ENRIQUETO.— Paloma, la culpa ha sido mía. Sólo mía. Yo la convencí. ¿A que sí?

*La pandilla asintió, y Viela se enterneció al ver cómo todos la defendían.*

VIELA.— No, soy yo la que merece el castigo. Enriqueto, puedes comerte mi trozo de tarta.

ENRIQUETO.— ¡Ni hablar! ¡Eso es injusto! ¡Yo soy el culpable…! Mira, Paloma, si no me crees, dejo de respirar.

*Enriqueto se dispuso a repetir el numerito pero los demás le detuvieron.*

TODOS.— ¡Nooo!

PALOMA.— ¡Ya está bien...! Da igual de quién sea la culpa. Lo importante es que no lo volváis a hacer.

VIELA.— ¡Prometido, mami!

ENRIQUETO.— Entonces, ¿podemos empezar ya la fiesta?

PALOMA.— ¿Qué fiesta?

ENRIQUETO.— La del descubrimiento de tu estrella.

VIELA.— Papá hasta ha hecho una tarta y se ha inventado...

BENJAMÍN.— ¡Chist...! ¡Es una sorpresa!

LULA.— ¿Y no ves lo guay que hemos puesto todo?

PALOMA.— Sí, está todo muy bien. Pero primero tengo que encontrar la estrella. Y no sé si lo conseguiré. Os aseguro que no es nada fácil.

BENJAMÍN.— Ya verás como la encuentras, cariño.

PALOMA.— Vamos, quitadme ya ese trasto de ahí. Tengo que montar el telescopio. A ver qué hora es… ¡Dios mío, es la hora!
ENRIQUETO.— La hora exacta por mi reloj.
PALOMA.— Vamos, ¿a qué esperáis para quitar ese chisme y dejarme trabajar?
ALIBAKAR.— Esto no es un chisme; es un telescopio único.
PLATÓN.— Es mágico.

Entonces Sabu, *muy orgulloso, expresó su conformidad.*

SABU.— ¡Guau, guau…!
VIELA.— Es un regalo para ti.
PALOMA.— Gracias, niños; pero no tengo tiempo que perder…
ENRIQUETO.— Hija, Paloma, cómo eres…

*Sin hacerles caso, Paloma intentó desatar el telescopio del trípode.*

PALOMA.— ¡¿Cómo habéis atado esto…?! ¡Viela, trae unas tijeras!

VIELA.— ¡No, espera! ¡Tienes que mirar antes, mamá!

TODOS.— ¡Sí, porfa, mira! ¡Porfa, porfa…!

PALOMA.— ¡Vale, vale! ¡Está bien…! Miro un momento, quitáis esto, y os vais de aquí todos.

TODOS.— ¡Vale!

PALOMA.— Y tú también.

SABU.— ¡Guau!

*Paloma se acercó al telescopio. Viela, apartada de todos, empezó a activificarse.*

VIELA.— Ruum, ruuumm, ruuuummm…

*Paloma echó una ojeada y se retiró; pero después de unos segundos, volvió a mirar. Todos aguantaron la respiración. De pronto, Paloma se sobresaltó.*

PALOMA.— ¡Qué es esto! ¡Es maravilloso! ¡Apagad la luz! Latitud treinta y ocho grados. Contando tres estrellas a la derecha: Sirio. Ya estoy en Sirio. Veinte grados a la izquierda: Orión. Desde Orión al sureste: uno, dos, tres… ¿Qué es esto? Es… es… ¡Aquí está! ¡Es… mi estrella!

*Todos aplaudieron mientras Benjamín salía hacia la cocina a todo gas en busca de la tarta. Paloma les fue abrazando a todos muy emocionada. Buscó con la mirada a Benjamín. Entonces, éste apareció sin el delantal y... ¡con una enorme tarta en forma de estrella!*

BENJAMÍN.— ¡Es para ti, Paloma... la mejor cazadora de estrellas del mundo!

PALOMA.— Gracias, gracias a todos. Hoy es un día muy importante. Desde hace siglos, los astrónomos persiguen la trayectoria de esta estrella... Incluso se ha llegado a pensar que no existía. Pero yo sabía que sí. Y que aparecería la noche Y. Es un momento histórico y yo me siento muy feliz; feliz también de compartir este gran acontecimiento con todos vosotros.

SABU.— Guau.

PALOMA.— Contigo, también, *Sabu*... A partir de hoy, habrá una nueva estrella en el mapa del cielo.

BENJAMÍN.— ¿Y cómo se llamará? Tienes que ponerle un nombre.

PALOMA.— Viela. Se llamará Estrella Viela Calamares.

TODOS.— ¡¡¡Bien!!!

VIELA.— ¡Papá... la canción!

*Benjamín sacó su violín, y haciendo un gesto a su hija Viela, comenzaron a cantar:*

En el patio de mi casa,
una estrella vislumbramos.
como no teníamos pies,
la agarramos con las manos.

*Y todos, muy contentos, cantaron, bailaron, se comieron la tarta... y a mí no me dieron porque no quisieron.*

# Nota de las autoras

Enhorabuena, tienes un libro muy especial en tus manos. Lo has podido leer, porque es un cuento; pero también podrás jugar con él, porque es una obra de teatro.

¿Sabes cómo se juega al teatro simplemente leyendo? Pues haciendo **teatro leído.**

Te vamos a dar unas pautas que te ayudarán a emprender la aventura... ¡Verás qué fácil!

Lo primero que tienes que tener en cuenta es que cualquier lugar en el que decidas representar una obra, se convierte en una *sala de teatro*.

**Para hacer teatro leído, necesitarás:**

—Actores y actrices.

—Una mesa larga.

—Unos rótulos con los nombres de los personajes.

—Unos vasos de agua (por si acaso).

—Sillas suficientes para todos los lectores-actores.

—Un libro para cada uno de los que van a leer.

—Y algo tan importante como todo lo anterior: ¡el público!

**Antes de iniciar la representación,** te será muy útil tener en cuenta una serie de consideraciones generales:

—Contar los personajes que aparecen en el libro; es decir, todos los que actúan de una forma u otra (por eso, *Sabu,* el perro, también es un personaje).

—Buscar a tantos actores y actrices como personajes tenga la obra. También será necesario alguien que lea las *acotaciones* (todos los pasajes del texto que aparecen escritos con letra cursiva). Todos los personajes forman el *elenco.*

—Distribuir los personajes entre los actores-lectores que vayan a intervenir.

—Lee previamente y en solitario el libro, fijándote especialmente en el papel que vas a interpretar.

—Trata de imaginar cómo es cada personaje. Para ello, te pueden ser de gran ayuda las ilustraciones que aparecen en el libro.

—Interpretar consiste en «ponerse en el lugar de los personajes», y esto se consigue identificando la característica principal de la personalidad de cada uno de ellos. (Por ejemplo: Viela es revoltosa; Rosita, risueña; Platón, serio; Lula, despistada; *Sabu*, valiente, etc.)

—La labor de averiguar cómo se comporta cada personaje se denomina *estudio de personaje.*

—Utilizar algún elemento (alguna ropa u objeto) que ayude a definir e identificar mejor al personaje, es lo que se llama *caracterización.*

Una vez visto todo lo anterior, ya debes reunirte con el elenco para **ensayar,** es decir, leer cada cual su papel en voz alta y sin público.

Ahora os vamos a dar una serie de pistas para que el *ensayo* os salga estupendamente:

—Hacerlo como si ya tuvierais al público delante.

—Aclarar al final las dudas que vayan surgiendo.

—Un truco para que las frases interrogativas no suenen falsas consiste en leerlas como si acabaran en puntos suspensivos. Hacer una prueba para comprobarlo. (Por ejemplo: «Qué pasa, papi...»; en vez de «¿Qué pasa, papi?»)

—Leer con voz alta y clara para que el público que os vaya a escuchar lo haga sin necesidad de realizar un esfuerzo.

—Los personajes irán interviniendo según les vaya tocando el turno. No será necesario que cada uno lea el nombre que figura delante de su intervención, porque éste ya aparece escrito en el rótulo que le corresponde.

**Los pasos que hay que seguir** para llevar a cabo la representación serán los siguientes:

—Elegir una habitación espaciosa y bien iluminada. (Si la luz es artificial, debes saber que la general se llama en teatro *luz de sala* y que a la que ilumina la mesa se la denomina *cenital.)*

—Colocar una mesa (a ser posible alargada) en el fondo de la habitación o, mejor dicho, de la *sala de teatro.* Las sillas se colocarán frente al público para que pueda ver todo con claridad. El lugar donde se sitúa el público se llama *patio de butacas,* aunque se trate de sillas o incluso aunque éste se encuentre sentado en el suelo.

—Delante de cada actor y de cada actriz que intervenga en la obra se pondrá el rótulo con el nombre del personaje que representa (la letra deberá ser clara y de buen tamaño para que pueda leerse desde lejos). En el rótulo que corresponda al encargado de leer las acotaciones se pondrá *narrador* o *narradora,* y éste (o ésta) se situará en el extremo izquierdo de la mesa (en la parte de la derecha si miramos desde el lugar en el que están situados los espectadores).

—Junto a cada rótulo se pondrá el vaso de agua (con la boca seca no se vocaliza bien).

—Una vez preparado todo esto, será conveniente permitir la entrada del público a la sala. Tener en cuenta que, para hacer teatro, el público es tan importante como los actores, y que su comportamiento condicionará la buena marcha de la función. Debes saber que si en un momento de la función el público se ríe, habrá que esperar a que cesen las risas para poder continuar.

—Cuando el público esté acomodado, conviene hacer algo para reclamar su atención (por ejemplo, dar unas palmadas).

—Los actores y actrices irán saliendo por orden, con los textos en la mano, y ocuparán sus puestos. Entonces se apagará la *luz de sala* y se encenderá la *luz cenital.*

—Comienza la función. Se leerá el título de la obra y el nombre de los autores o autoras. Después de una pausa, se dará comienzo a la lectura de la primera acotación.

—Es imprescindible que todos los lectores-actores vayan siguiendo todo el texto, aunque no se trate del que les corresponda leer en ese momento, para no perderse cuando les llegue su turno.

—La obra acaba cuando se lee la palabra *telón.* Y es entonces cuando empiezan los saludos. Los lectores-actores irán levantándose uno a uno y colocándose delante de la mesa, en el siguiente orden: primero, el actor o actriz que haya tenido el papel más pequeño; después, los que hayan tenido una mayor participación, y, por último, lo hará el narrador o narradora. Conforme vayan llegando a la parte delantera de la mesa, responderán a los aplausos con una inclinación de cabeza. Cuando todo el elenco haya saludado, todos se tomarán de las manos para hacer un saludo conjunto, y así permanecerán hasta que se encienda la luz de sala.

Ahora está todo en tus manos... ¡Arriba el telón!

# A. ROSSETTI, P. PEDRERO, M. SÁNCHEZ

Paloma, Ana y Margarita se conocieron hace mucho tiempo en un teatro. Entonces se hicieron amigas y decidieron escribir obras de teatro porque se lo pasaban muy bien juntas. Elegieron el escenario porque es un lugar mágico donde se pueden cumplir todos los sueños.

**Ana Rossetti:** Nació en San Fernando (Cádiz) en 1950. Dedicada a escribir "desde que nació", es una poetisa de gran prestigio –poseedora de varios premios– que desde hace unos años escribe también para niños.

**Paloma Pedrero:** Es actriz, directora y autora teatral. Ha escrito, publicado y estrenado numerosas obras de teatro. Sus obras han sido traducidas al inglés, francés, portugués, catalán, polaco, alemán e italiano, y se han representado en muchos países.

**Margarita Sánchez:** Nació en Madrid en 1962. Es actriz y autora desde el año 1980, trabajó para su propia compañía –Cocktail– y estrenó montajes tanto para niños como para adultos.

Este libro se terminó de imprimir en los talleres de Huertas Industrias Gráficas, S. A., Fuenlabrada (Madrid), en el mes de febrero de 2008.